Impressum
Verlag: BABADADA GmbH, Nedderfeld 112 , 22529 Hamburg
Geschäftsführer / Verlagsleitung: Harald Hof
Druck: Books on Demand GmbH, In de Tarpen 42, 22848 Norderstedt

Imprint
Publisher: BABADADA GmbH, Nedderfeld 112 , 22529 Hamburg, Germany
Managing Director / Publishing direction: Harald Hof
Print: Books on Demand GmbH, In de Tarpen 42, 22848 Norderstedt

AF289457

la escuela
el colegio

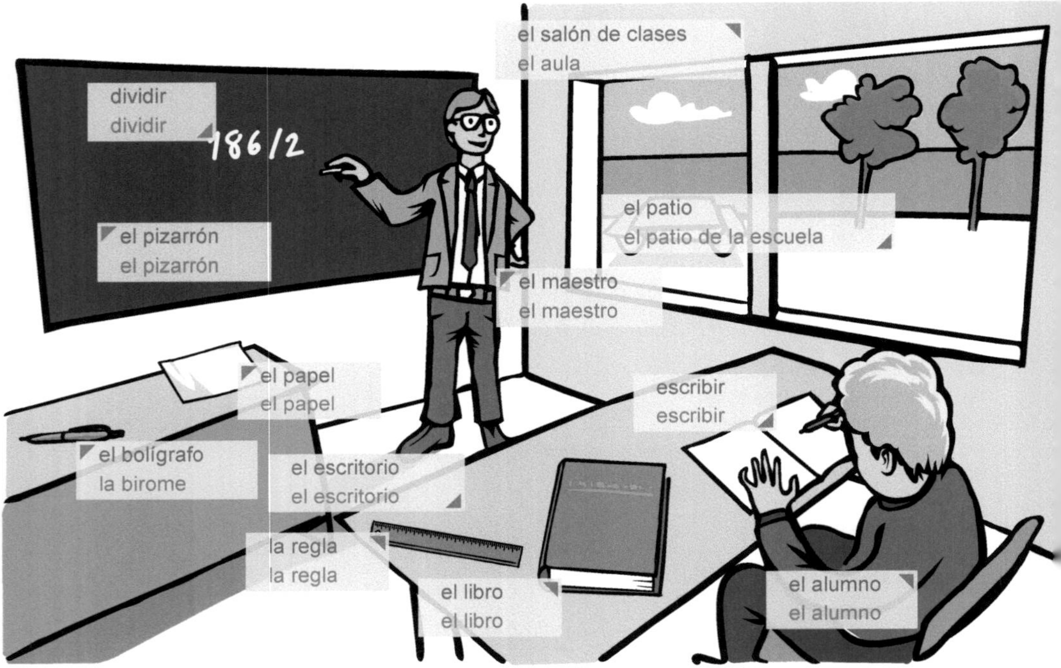
el salón de clases
el aula
dividir
dividir
186/2
el patio
el patio de la escuela
el pizarrón
el pizarrón
el maestro
el maestro
el papel
el papel
escribir
escribir
el bolígrafo
la birome
el escritorio
el escritorio
la regla
la regla
el libro
el libro
el alumno
el alumno

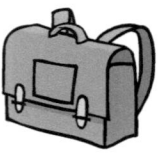

la mochila
la mochila

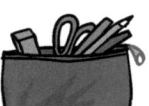

la caja de lápices
la caja de lápices

el lápiz
el lápiz

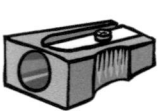

el sacapuntas
el sacapuntas

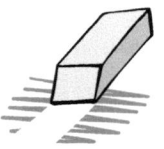

la goma de borrar
la goma (de borrar)

el bloc de dibujo
el bloc de dibujo

el dibujo

el dibujo

el pincel

el pincel

la caja de lápices de color

la caja de pinturas

las tijeras

la tijera

el pegamento

el pegamento

el libro de ejercicios

el cuaderno de ejercicios

la tarea

la tarea

el número

el número

2+2

sumar

sumar

5-2

restar

restar

2×2

multiplicar

multiplicar

calcular

calcular

A

la letra

la letra

ABCDEFG HIJKLMN OPQRSTU VWXYZ

el alfabeto

el abecedario

la palabra

la palabra

el texto

el texto

leer

leer

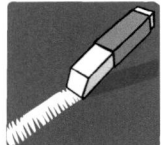

la tiza

la tiza

la lección

la lección

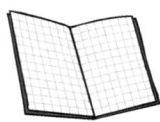

el cuaderno de clase

el cuaderno de clase

el examen

el examen

el certificado

el certificado

el uniforme

el uniforme escolar

la educación

la educación

la enciclopedia

la enciclopedia

la universidad

la universidad

el microscopio

el microscopio

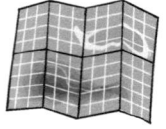

el mapa

el mapa

el bote de basura

el tacho (de basura)

el viaje
el viaje

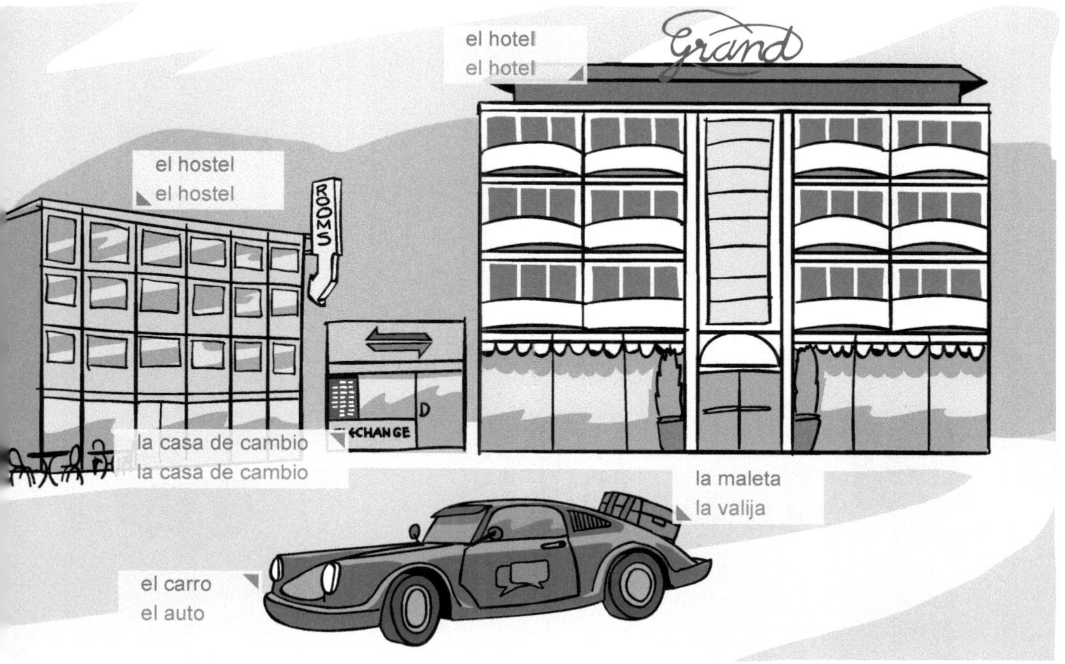
el hotel
el hotel
Grand
el hostel
el hostel
ROOMS
CHANGE
la casa de cambio
la casa de cambio
la maleta
la valija
el carro
el auto

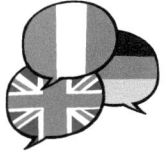

el idioma

el idioma

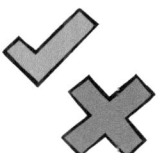

sí / no

sí / no

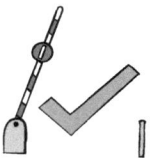

Órale

Está bien

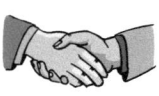

hola

hola

el traductor

el traductor

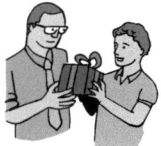

Gracias

Gracias

¿cuánto cuesta…?

¿cuánto cuesta…?

No entiendo

No entiendo

el problema

el problema

¡Buenas tardes!

¡Buenas tardes!

¡Buenos días!

¡Buenos días!

¡Buenas noches!

¡Buenas noches!

adiós

el adiós

la dirección

la dirección

el equipaje

el equipaje

la bolsa

el bolso

la mochila

la mochila

el invitado

el invitado

la recámara

la habitación

la bolsa de dormir

la bolsa de dormir

la tienda de campaña

la carpa

la información turística

la información turística

la playa

la playa

la tarjeta de crédito

la tarjeta de crédito

el desayuno

el desayuno

el almuerzo

el almuerzo

la cena

la cena

el billete

el pasaje

el ascensor

el ascensor

el sello

el sello

la frontera

la frontera

la aduana

la aduana

la embajada

la embajada

la visa

la visa

el pasaporte

el pasaporte

el transporte
el transporte

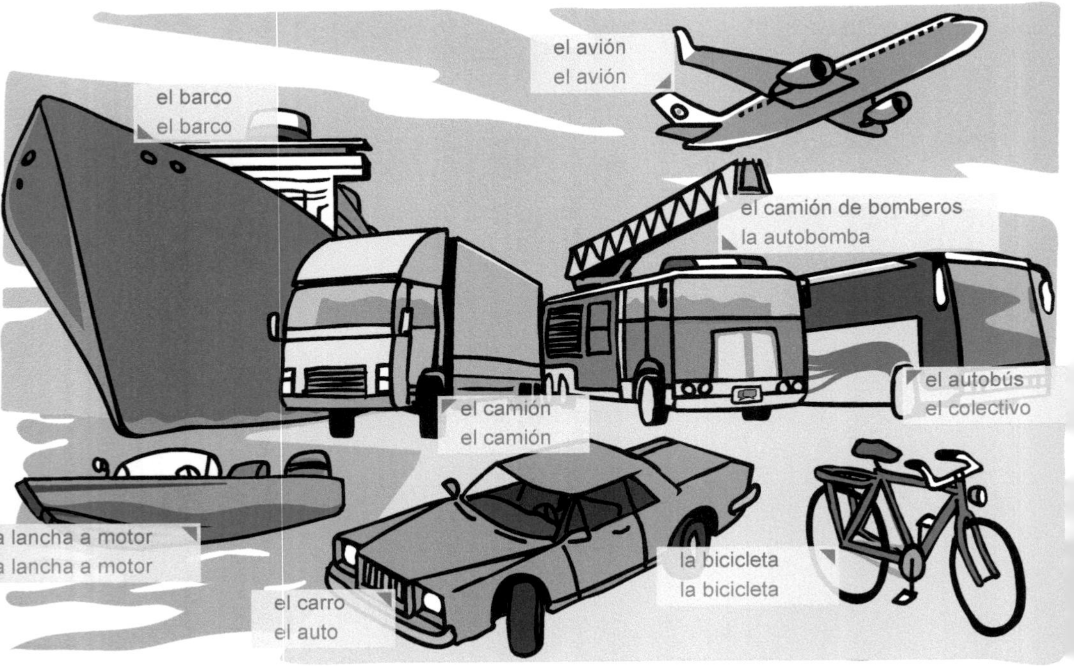
el avión
el avión
el barco
el barco
el camión de bomberos
la autobomba
el autobús
el colectivo
el camión
el camión
a lancha a motor
a lancha a motor
la bicicleta
la bicicleta
el carro
el auto

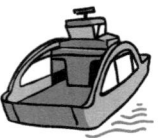

el ferry

el ferry

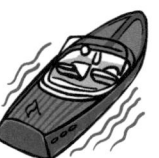

el bote

el bote

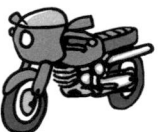

la motocicleta

la moto

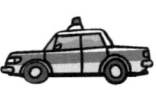

la patrulla

el patrullero

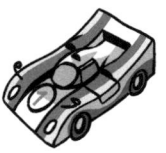

el coche de carreras

el auto de carreras

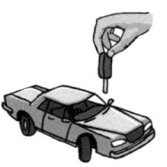

el auto para rentar

el auto de alquiler

la renta de autos

el alquiler de autos

la grúa

la grúa

el camión recolector de basura

el camión de la basura

el motor

el motor

la gasolina

la nafta

la gasolinera

la estación de servicio

la señal de tráfico

la señal de tránsito

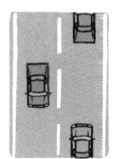

el tránsito

el tránsito

el embotellamiento

el embotellamiento

el aparcamiento

el estacionamiento

la estación de tren

la estación de tren

las vías

las vías

el tren

el tren

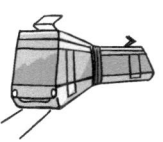

el tranvía

el tranvía

el vagón

el vagón

el transporte - el transporte

9

el helicóptero

el helicóptero

el aeropuerto

el aeropuerto

la torre

la torre

el pasajero

el pasajero

el contenedor

el contenedor

la caja de cartón

la caja de cartón

la carretilla

la carretilla

la cesta

la canasta

despegar / aterrizar

despegar / aterrizar

la ciudad
la ciudad

el pueblo

el pueblo

el centro de la ciudad

el centro de la ciudad

la casa

la casa

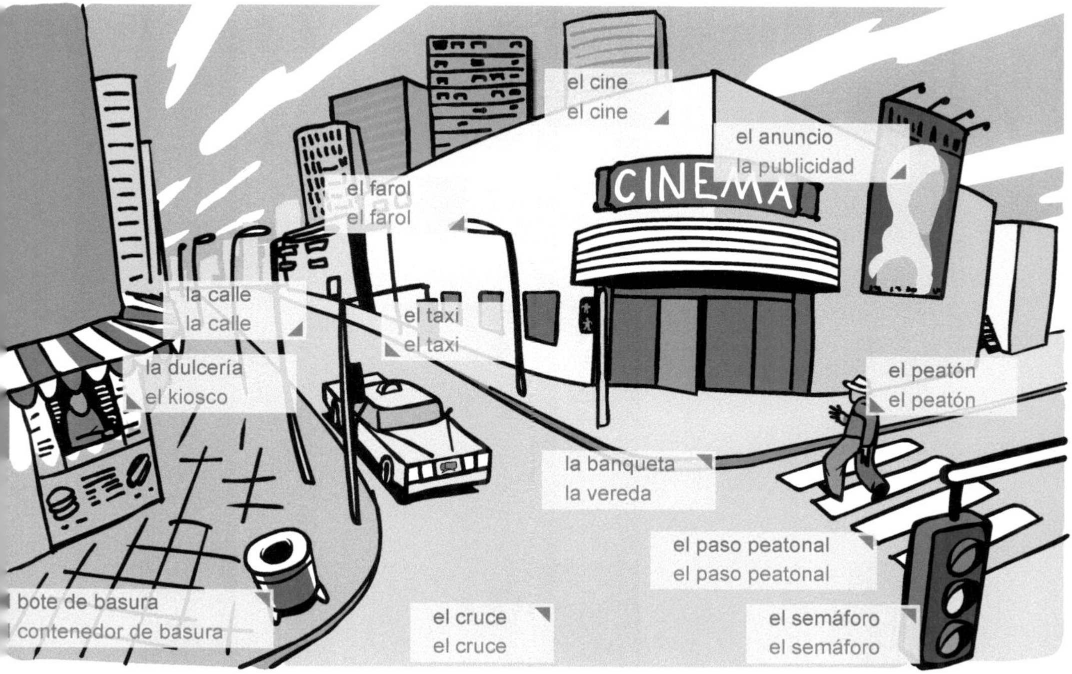
el cine
el cine
CINEMA
el anuncio
la publicidad
el farol
el farol
la calle
la calle
el taxi
el taxi
la dulcería
el kiosco
el peatón
el peatón
la banqueta
la vereda
el paso peatonal
el paso peatonal
bote de basura
contenedor de basura
el cruce
el cruce
el semáforo
el semáforo

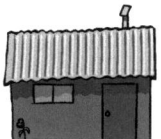

la cabaña

la cabaña

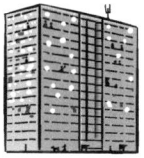

el apartamento

el departamento

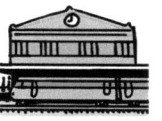

la estación de tren

la estación de tren

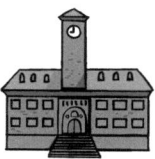

el ayuntamiento

la municipalidad

MUSEUM

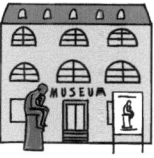

el museo

el museo

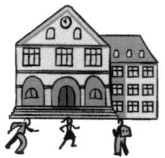

la escuela

el colegio

la universidad

la universidad

el banco

el banco

el hospital

el hospital

el hotel

el hotel

la farmacia

la farmacia

la oficina

la oficina

la librería

la librería

la tienda

el negocio

la florería

la florería

el supermercado

el supermercado

el mercado

el mercado

las grandes tiendas

las grandes tiendas

la pescadería

la pescadería

el centro comercial

el centro comercial

el puerto

el puerto

el parque

el parque

el bancc

el bancc

el puente

el puente

las escaleras

las escaleras

el metro

el subte

el túnel

el túnel

la parada de autobús

la parada del colectivo

el bar

el bar

el restaurante

el restaurante

el buzón

el buzón

el letrerc

el letrerc

el parquímetro

el parquímetro

el zoológico

el zoológico

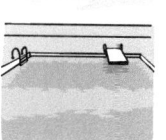

la alberca

la pileta

la mezquita

la mezquita

la ciudad - la ciudad

la granja

la granja

la contaminación

la contaminación

el cementerio

el cementerio

la iglesia

la iglesia

el área de niños

los juegos infantiles

el templo

el templo

el paisaje

el paisaje

la hoja
la hoja

la señal
el poste indicador

el camino
el camino

la pradera
la pradera

la piedra
la piedra

el árbol
el árbol

el caminante
el excursionista

el río
el río

el pasto
la hierba

la flor
la flor

el valle

el valle

la montaña

la montaña

el lago

el lago

el bosque

el bosque

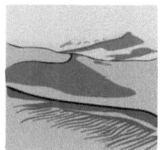

el desierto

el desierto

el volcán

el volcán

el castillo

el castillo

el arco iris

el arco iris

el champiñón

el champiñón

la palmera

la palmera

el mosquito

el mosquito

la mosca

la mosca

la hormiga

la hormiga

la abeja

la abeja

la araña

la araña

el escarabajo
el escarabajo

la rana
la rana

la ardilla
la ardilla

el erizo
el erizo

la liebre
la liebre

la lechuza
la lechuza

el pájaro
el pájaro

el cisne
el cisne

el jabalí
el jabalí

el ciervo
el ciervo

el alce
el alce

el embalse
la presa

la turbina eólica
el aerogenerador

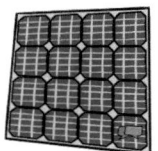

el panel solar
el panel solar

el clima
el clima

el restaurante

el restaurante

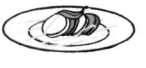

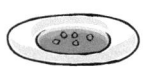

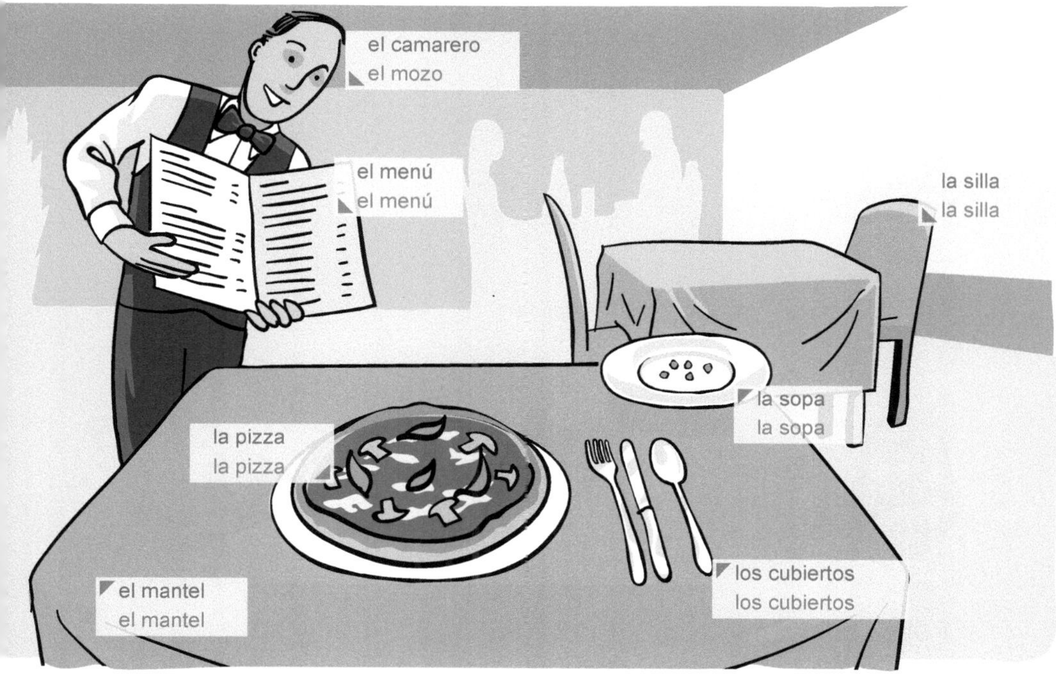
el camarero
el mozo
el menú
el menú
la silla
la silla
la sopa
la sopa
la pizza
la pizza
los cubiertos
los cubiertos
el mantel
el mantel

la entrada

la entrada

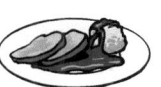

el plato fuerte

el plato principal

el postre

el postre

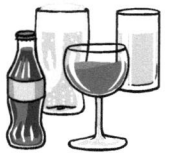

las bebidas

las bebidas

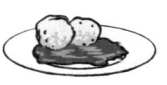

la comida

la comida

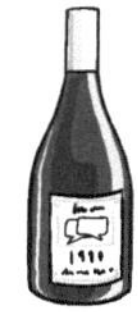

la botella

la botella

la comida rápida

la comida rápida

la comida de la calle

la comida callejera

la tetera

la tetera

la azucarera

la azucarera

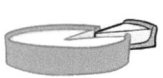

la porción

la porción

la cafetera espresso

la cafetera expreso

la periquera

la sillita alta

la cuenta

la cuenta

la charola

la bandeja

el cuchillo

el cuchillo

el tenedor

el tenedor

la cuchara

la cuchara

la cuchara de té

la cucharita

la servilleta

la servilleta

el vaso

el vaso

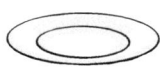

el plato

el plato

el plato hondo

el plato hondo

el plato

el plato

la salsa

la salsa

el salero

el salero

el molino para pimienta

el molinillo de pimienta

el vinagre

el vinagre

el aceite

el aceite

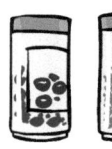

las especias

las especias

el kétchup

el kétchup

la mostaza

la mostaza

la mayonesa

la mayonesa

el supermercado
el supermercado

la oferta especial
la oferta especial
FOR
el cliente
el cliente
los productos lácteos
los lácteos
la fruta
la fruta
el carrito para compras
el changuito

BUTCHERS

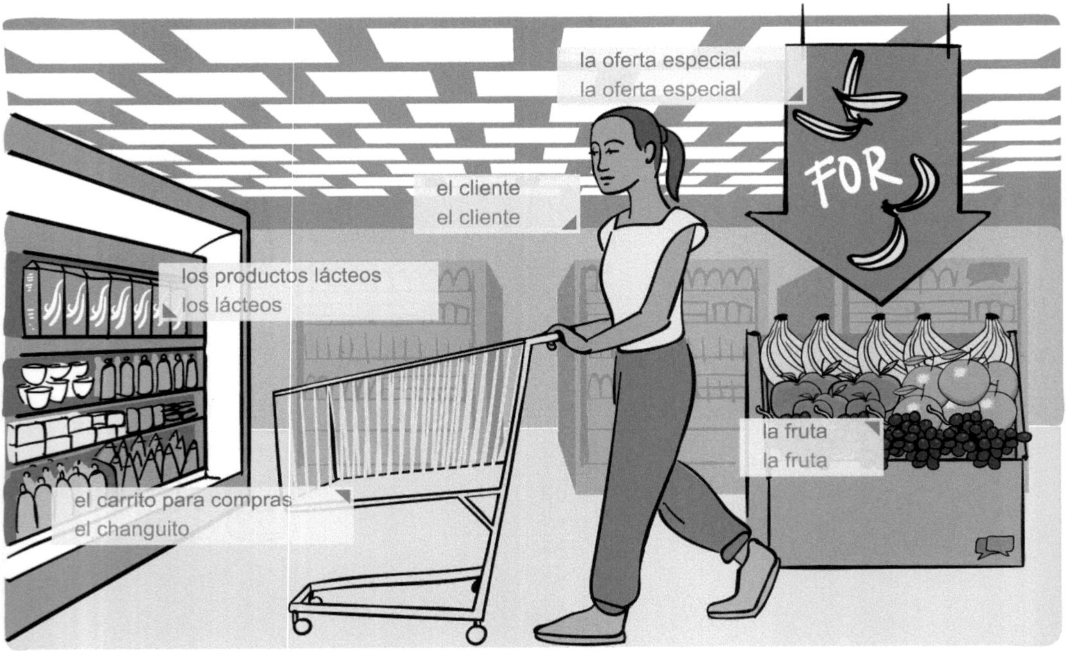

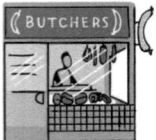

la carnicería

la carnicería

BAKERY

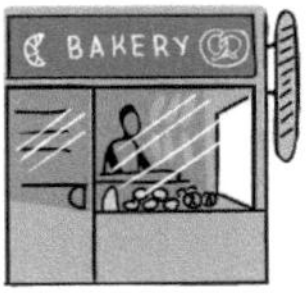

la panadería

la panadería

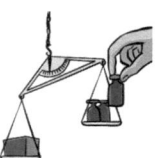

pesar

pesar

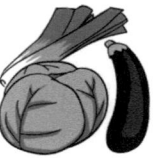

los vegetales

las verduras

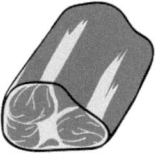

la carne

la carne

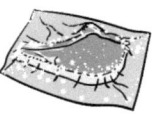

los alimentos congelados

los alimentos congelados

las carnes frías
los fiambres

los alimentos enlatados
los alimentos enlatados

el detergente en polvo
el detergente en polvo

los dulces
las golosinas

los electrodomésticos
los electrodomésticos

productos de limpieza
los productos de limpieza

la vendedora
la vendedora

la caja
la caja

el cajero
el cajero

la lista de compras
la lista de compras

el horario de atención al
público
el horario de atención

la cartera
la billetera

la tarjeta de crédito
la tarjeta de crédito

la bolsa
la cartera

la bolsa de plástico
la bolsa de plástico

el agua

el agua

el jugo

el jugo

la leche

la leche

el refresco de cola

la bebida cola

el vino

el vino

la cerveza

la cerveza

el alcohol

el alcohol

el cacao

el cacao

el té

el té

el café

el café

el espresso

el café expreso

el cappuccino

el cappuccino

el plátano

la banana

la manzana

la manzana

la naranja

la naranja

el melón

el melón

el limón

el limón

la zanahoria

la zanahoria

el ajo

el ajo

el bambú

el bambú

la cebolla

la cebolla

el champiñón

el champiñón

las nueces

las nueces

los fideos

los fideos

los espaguetis

los tallarines

el arroz

el arroz

la ensalada

la ensalada

las patatas fritas

las papas fritas

las patatas fritas

las papas fritas

la pizza

la pizza

la hamburguesa

la hamburguesa

el emparedado

el sándwich

el filete

el churrasco

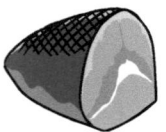

el jamón

el jamón

el salami

el salame

la salchicha

la salchicha

el pollo

el pollo

el asado

el asado

el pescado

el pescado

los copos de avena
los copos de avena

el muesli
el muesli

los copos de maíz
los copos de maíz

la harina
la harina

el cuernito
la medialuna

el bolillo
el pancito

el pan
el pan

la tostada
la tostada

las galletas
las galletitas

la mantequilla
la manteca

la cuajada
la cuajada

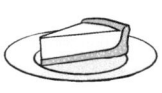

el pastel
la torta

el huevo
el huevo

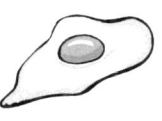

el huevo frito
el huevo frito

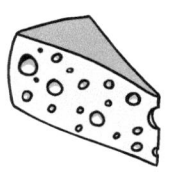

el queso
el queso

la comida - la comida

el helado
el helado

el azúcar
el azúcar

la miel
la miel

la mermelada
la mermelada

la crema de chocolate
la pasta de chocolate

el curry
el curry

la granja
la granja

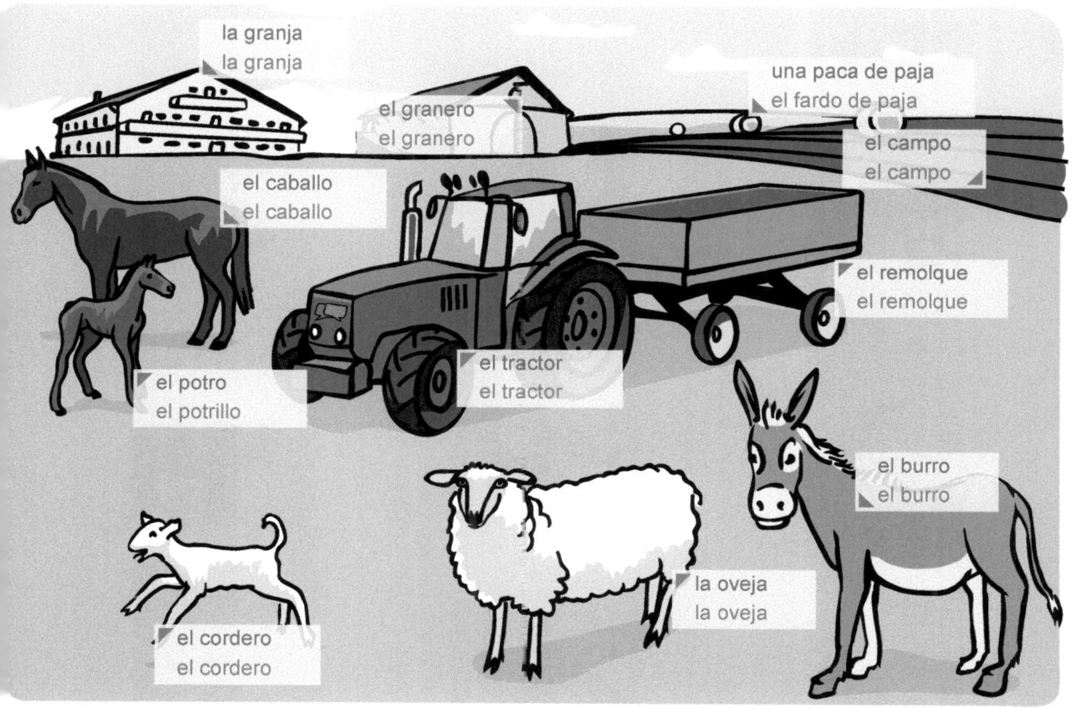
la granja
la granja
el granero
el granero
una paca de paja
el fardo de paja
el campo
el campo
el caballo
el caballo
el remolque
el remolque
el tractor
el tractor
el potro
el potrillo
el burro
el burro
la oveja
la oveja
el cordero
el cordero

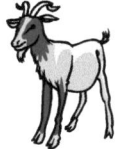

la cabra

la cabra

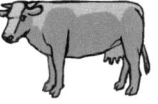

la vaca

la vaca

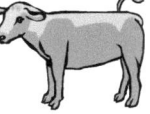

el ternero

el ternero

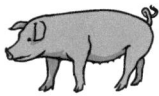

el cerdo

el cerdo

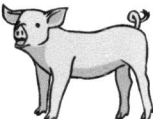

el lechón

el lechón

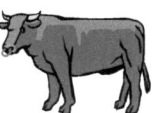

el toro

el toro

el ganso
el ganso

el pato
el pato

el pollo
el pollo

la gallina
la gallina

el gallo
el gallo

la rata
la rata

el gato
el gato

el ratón
el ratón

el buey
el buey

el perro
el perro

la casa del perro
la cucha

la manguera
la manguera

la regadera
la regadera

la guadaña
la guadaña

el arado
el arado

la hoz
la hoz

el azadón
la azaca

la horquilla
la horquilla

el hacha
el hacha

la carretilla
la carretilla

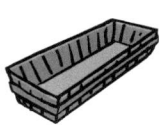

el bebedero
el abrevadero

el bote de leche
la lechera

el saco
la bolsa

la valla
la reja

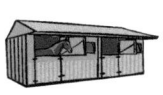

el establo
el establo

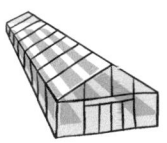

el invernadero
el invernadero

el suelo
el suelo

la semilla
la semilla

el fertilizador
el fertilizador

la cosechadora
la cosechadora

la granja - la granja

29

cosechar

cosechar

la cosecha

la cosecha

el camote

las batatas

el trigo

el trigo

la soja

la soja

la patata

la papa

el maíz

el maíz

la semilla de colza

la semilla de colza

el árbol frutal

el árbol frutal

la mandioca

la mandioca

las cereales

los cereales

la casa

la chimenea
la chimenea

el tejado
el techo

el canalón
el caño de desagüe

la ventana
la ventana

el garaje
el garaje

el timbre
el timbre

la puerta
la puerta

el bote de basura
el tacho de basura

el buzón
el buzón

el jardín
el jardín

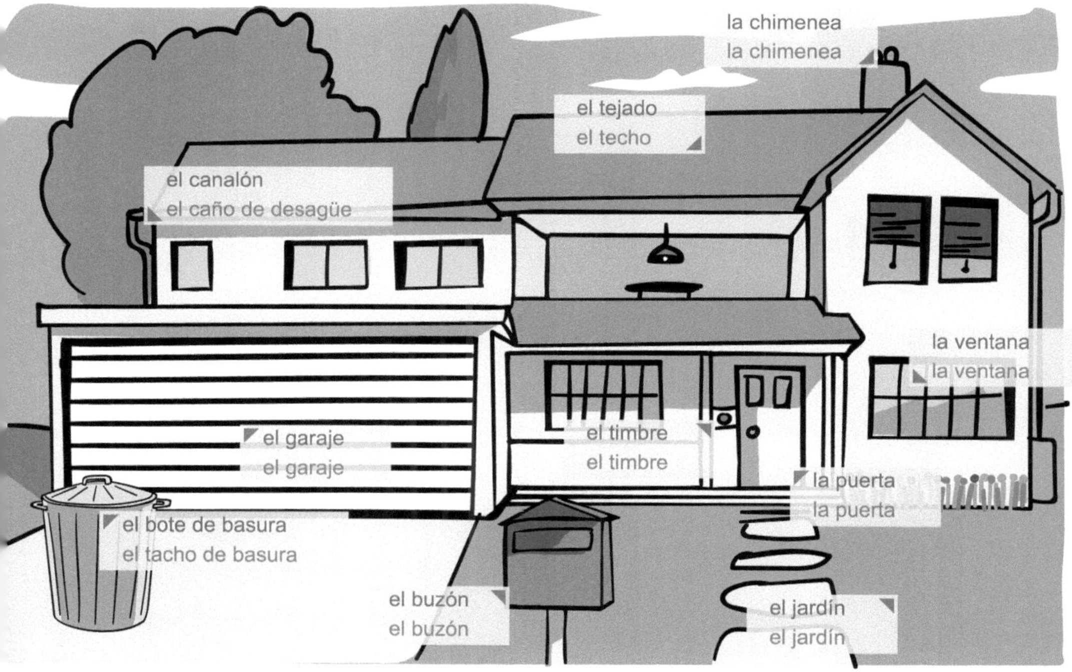

la estancia
el living

el baño
el baño

la cocina
la cocina

la recámara
el dormitorio

la recámara de los niños
el cuarto de los chicos

el comedor
el comedor

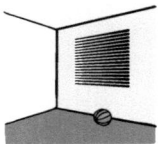

el suelo

el piso

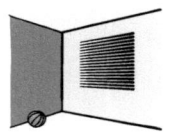

la pared

la pared

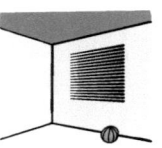

el techo

el cielorraso

el sótano

el sótano

el sauna

el sauna

el balcón

el balcón

la terraza

la terraza

la alberca

la pileta

el cortacésped

la cortadora de pasto

la sábana

la sábana

la colcha

el acolchado

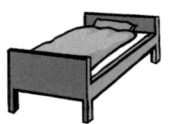

la cama

la cama

la escoba

la escoba

el balde

el balde

el interruptor

el interruptor

la estancia
el living

el papel para empapelar
el empapelado
la imagen
la imagen
la lámpara
la lámpara
el estante
el estante
la alacena
el armario
la televisión
la televisión
la chimenea
la chimenea
la flor
la flor
el cojín
el almohadón
el sofá
el sofá
el florero
el florero
el control remoto
el control remoto

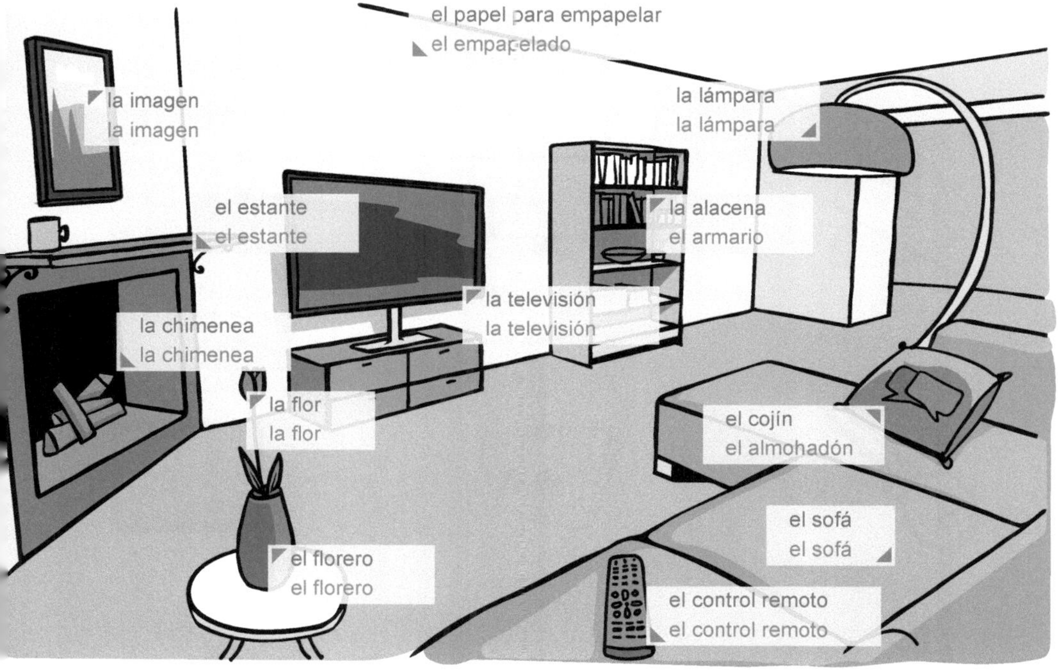

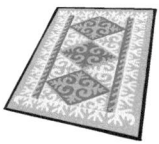

la alfombra

la alfombra

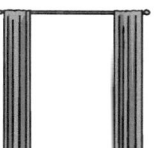

la cortina

la cortina

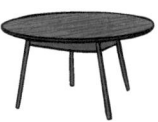

la mesa

la mesa

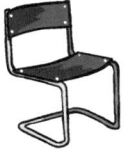

la silla

la silla

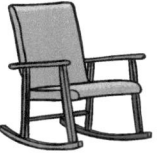

la mecedora

la mecedora

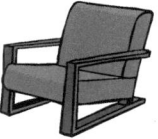

el sillón

el sillón

el libro

el libro

la frazada

la frazada

la decoración

la decoración

la leña

la leña

la película

la película

el equipo de música

el equipo de música

la llave

la llave

el periódico

el diario

la pintura

la pintura

el póster

el póster

la radio

la radio

el cuaderno

el cuaderno

la aspiradora

la aspiradora

el cactus

el cactus

la vela

la vela

la cocina
la cocina

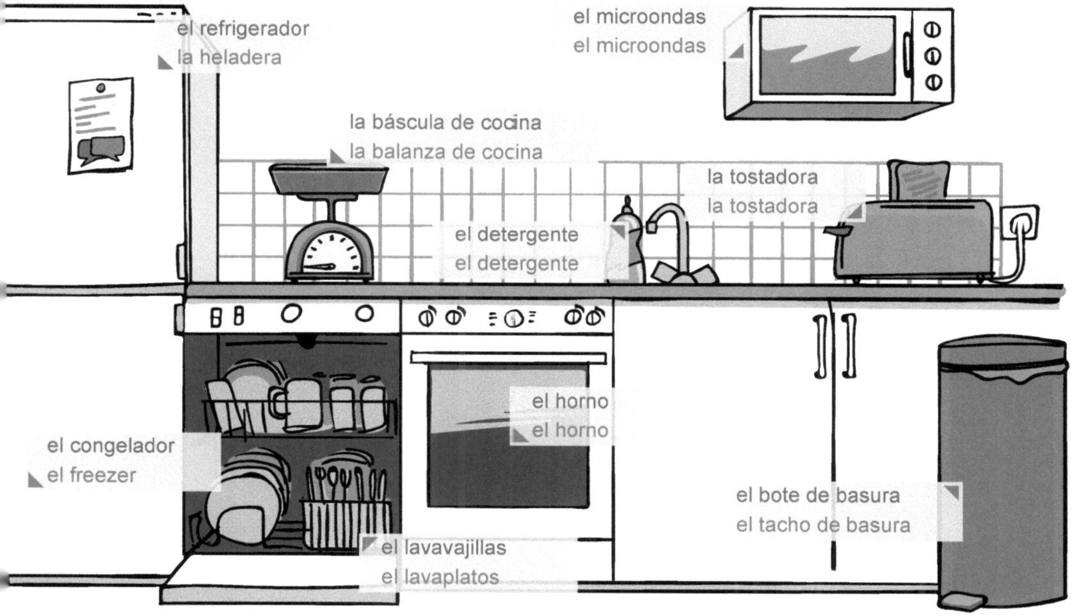
el refrigerador
la heladera
el microondas
el microondas
la báscula de cocina
la balanza de cocina
la tostadora
la tostadora
el detergente
el detergente
el horno
el horno
el congelador
el freezer
el bote de basura
el tacho de basura
el lavavajillas
el lavaplatos

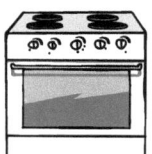

la olla a presión

la cocina

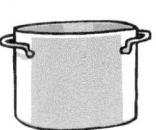

la o la

la o la

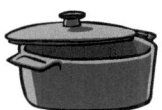

la olla de hierro fundido

la olla de hierro fundido

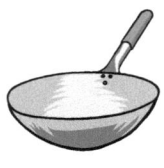

el wok

el wok

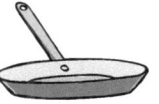

la sartén

la sartén

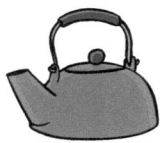

el hervidor

la pava

la vaporera

la vaporera

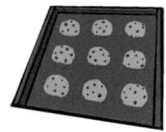

la charola de horno

la bandeja de horno

la loza

la vajilla

la taza

la taza

el bol

el bol

los palillos

los palitos

el cucharón

el cucharón

la espátula

la espátula

la batidora

la batidora

el colador

el colador

el colador

el colador

el rallador

el rallador

el mortero

el mortero

la barbacoa

la parrilla

la fogata

la fogata

la tabla para picar

la tabla de picar

el rodillo para amasar

el palo de amasar

el sacacorchos

el sacacorchos

la lata

la lata

el abrelatas

el abrelatas

el guante de cocina

la manopla

el fregadero

la pileta

el cepillo

el cepillo

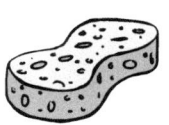

la esponja

la esponja

la batidora

la batidora

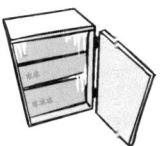

el congelador

el congelador

el biberón

la mamadera

la llave

la canilla

el baño

el baño

la calefacción
la calefacción
la ducha
la ducha
la toalla
la toalla
la cortina de la ducha
la cortina de la ducha
el baño de espuma
el baño de espuma
la tina
la bañadera
el vaso
el vaso
la lavadora
el lavarropas
la llave
la canilla
las baldosas
las baldosas
la bacinica
la pelela
el fregadero
la pileta

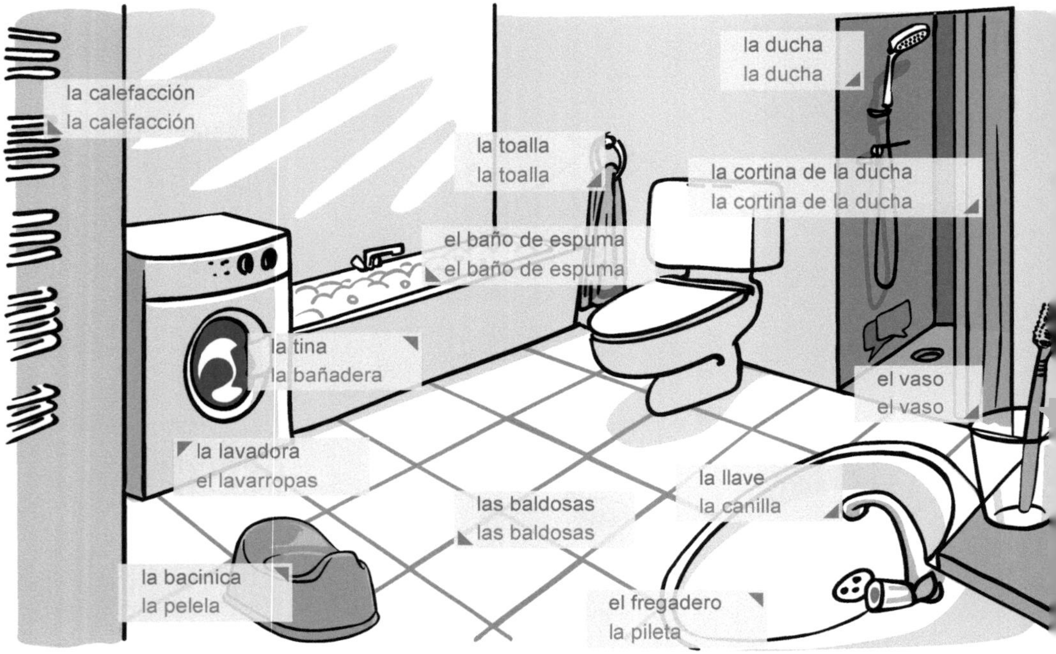

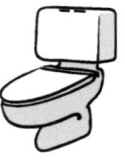

el inodoro

el inodoro

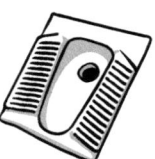

la letrina

la letrina

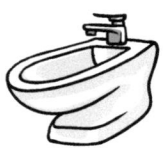

el bidé

el bidé

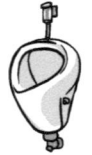

el mingitorio

el mingitorio

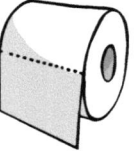

el papel higiénico

el papel higiénico

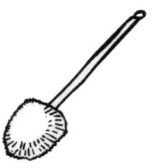

el cepillo para baño

el cepillo para el inodoro

el cepillo de dientes

el cepillo de dientes

la pasta dental

el dentífrico

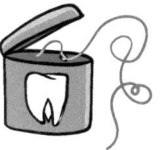

el hilo dental

el hilo dental

lavar

lavar

la ducha de mano

la ducha de mano

la ducha vaginal

la ducha higiénica

el fregadero

la palangana

el cepillo de espalda

el cepillo para la espalda

el jabón

el jabón

el gel de ducha

el gel de ducha

el champú

el shampoo

la toallita

la toallita

el drenaje

el desagüe

la crema

la crema

el desodorante

el desodorante

el espejo
el espejo

el espejo de tocador
el espejito

la máquina para afeitar
la maquinita de afeitar

la espuma de afeitar
la espuma de afeitar

la loción para después de afeitar
el aftershave

el peine
el peine

el cepillo
el cepillo

la secadora
el secador de pelo

la laca
el spray

el maquillaje
el maquillaje

el lápiz labial
el lápiz de labios

el esmalte para uñas
el esmalte para uñas

el algodón
el algodón

las tijeras para uñas
la tijera para uñas

el perfume
el perfume

el estuche para cosméticos

el portacosméticos

el taburete

la banqueta

la báscula

la balanza

la bata

la bata

los guantes de goma

los guantes de goma

el tampón

el tampón

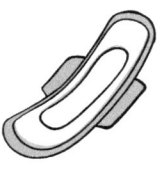

la toalla sanitaria

la toallita femenina

el baño móvil

el baño químico

la recámara de los niños
el cuarto de los chicos

el despertador
el despertador
el peluche
el peluche
el carro de juguete
el coche de juguete
la sonaja
el sonajero
la casa de muñecas
la casa de muñecas
el regalo
el regalo

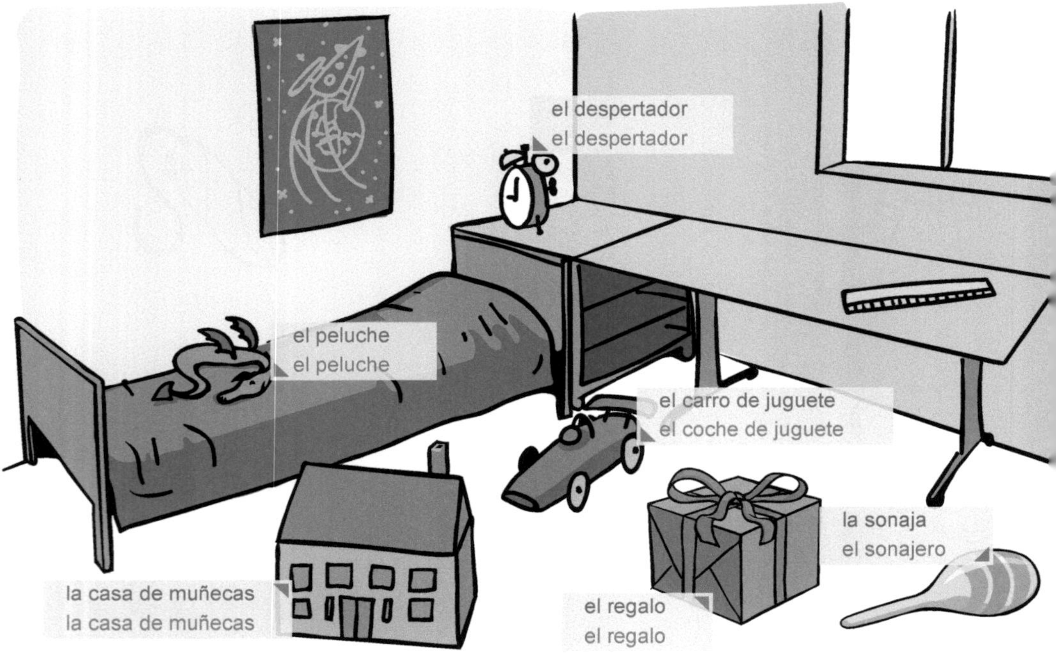

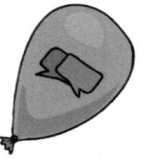

el globo

el globo

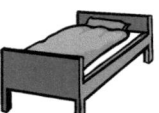

la cama

la cama

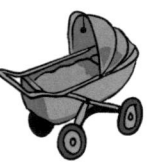

la carriola

el cochecito

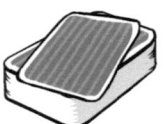

las cartas

las cartas

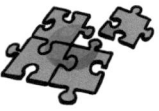

el rompecabezas

el rompecabezas

SUPER MEGA

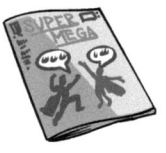

el cómic

la historieta

las piezas de lego

las piezas de lego

los bloques para jugar

los ladrillos de juguete

la figura de acción

la figura de acción

el mameluco

el enterito (de bebé)

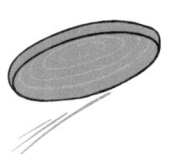

el frisbee

el frisbee

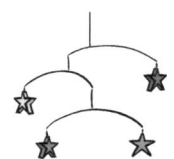

el móvil para bebés

el móvil para bebés

el juego de mesa

el juego de mesa

los dacos

los dacos

el tren eléctrico

el tren eléctrico

el maniquí

el chupete

la fiesta

la fiesta

el álbum de fotos

el libro de cuentos ilustrado

el balón

la pelota

la muñeca

la muñeca

jugar

jugar

el arenero

el arenero

el columpio

la hamaca

los juguetes

los juguetes

la consola de videojuegos

la consola de videojuegos

el triciclo

el triciclo

el oso de peluche

el osito de peluche

el clóset

el armario

la ropa

la ropa

los calcetines

las medias

las pantimedias

las medias panty

las mallas

las calzas

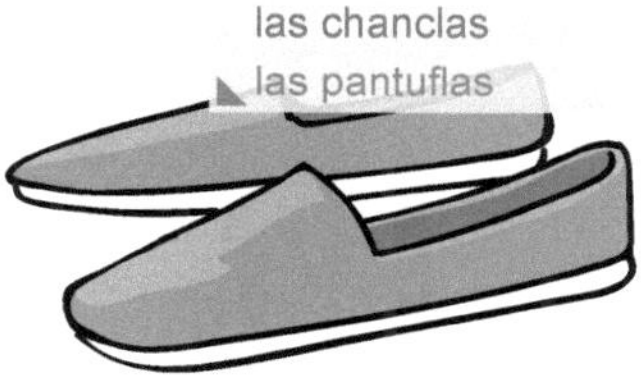

la bufanda
la bufanda

el paraguas
el paraguas

la playera
la remera

el cinto
el cinturón

las botas
las botas

las chanclas
las pantuflas

los tenis
las zapatillas

las sandalias
....
las sandalias

los zapatos
....
los zapatos

las botas de goma
....
las botas de goma

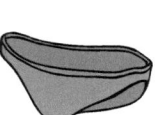

la ropa interior
....
la ropa interior

el brasier
....
el corpiñc

el chaleco
....
el chaleco

el body
el body

los pantalones
los pantalones

los pantalones de mezclilla

los jeans

la falda
la pollera

la blusa
la blusa

la camisa
la camisa

el suéter
el pulóver

la sudadera
el buzo

el saco sport
el blazer

la chamarra
la campera

el abrigo
el tapado

el impermeable
el piloto

el traje
el traje

el vestido
el vestido

el vestido de novia
el vestido de novia

la ropa - la ropa

el traje

el traje

el camisón

el camisón

el pijama

el pijama

el sari

el sari

el pañuelo para la cabeza

el pañuelo para la cabeza

el turbante

el turbante

la burka

la burka

el caftán

el caftán

la abaya

la abaya

el traje de baño

el traje de baño

el short de baño

el short de baño

los shorts

los shorts

los pants

el jogging

el delantal

el delantal

los guantes

los guantes

el botón
el botón

las gafas
los anteojos

el brazalete
la pulsera

el collar
el collar

el anillo
el anillo

el arete
el aro

la gorra
la gorra

el gancho
la percha

el sombrero
el sombrero

la corbata
la corbata

el cierre
el cierre

el casco
el casco

los tirantes
los tiradores

el uniforme
el uniforme escolar

el uniforme
el uniforme

el babero
el babero

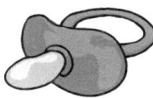

el maniquí
el chupete

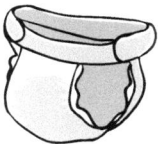

el pañal
el pañal

la oficina
la oficina

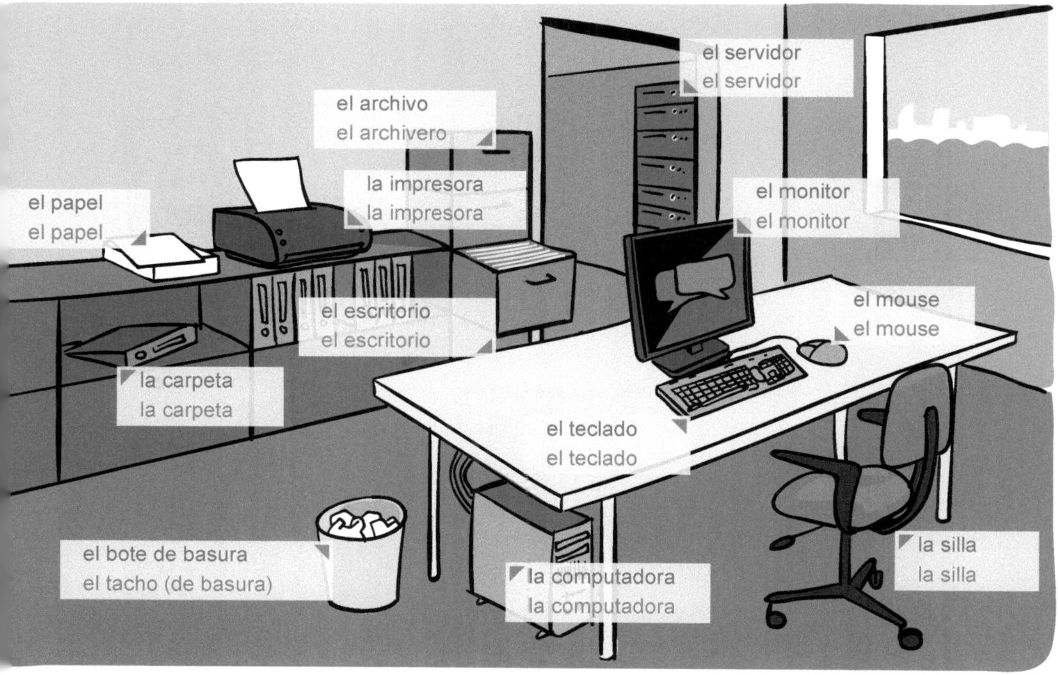

el servidor
el servidor

el archivo
el archivero

la impresora
la impresora

el papel
el papel

el monitor
el monitor

el escritorio
el escritorio

el mouse
el mouse

la carpeta
la carpeta

el teclado
el teclado

el bote de basura
el tacho (de basura)

la computadora
la computadora

la silla
la silla

la taza de café
la taza de café

la calculadora
la calculadora

el internet
el internet

la notebook

la laptop

la carta

la carta

el mensaje

el mensaje

el móvil

el celular

la red

la red

la fotocopiadora

la fotocopiadora

el software

el software

el teléfono

el teléfono

el tomacorriente

el tomacorriente

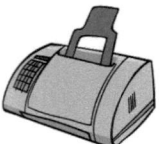

el fax

el fax

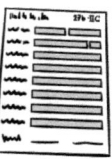

el formulario

el formulario

el documento

el documento

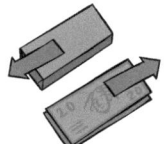

comprar

comprar

pagar

pagar

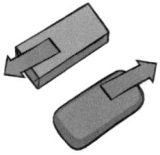

hacer negocios

hacer negocios

el dinero

el dinero

el dólar

el dólar

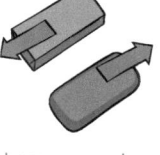

el euro

el euro

el yen

el yen

el rublo

el rublo

el franco suizo

el franco suizo

el yuan

el yuan

la rupia

la rupia

el cajero automático

el cajero automático

la casa de cambio

la casa de cambio

el oro

el oro

la plata

la plata

el petróleo

el petróleo

la energía

la energía

el precio

el precio

el contrato

el contrato

el impuesto

el impuesto

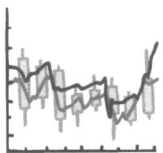

la acción

la acción

trabajar

trabajar

el empleado

el empleado

el empleador

el empleador

la fábrica

la fábrica

la tienda

el negocio

las ocupaciones
las ocupaciones

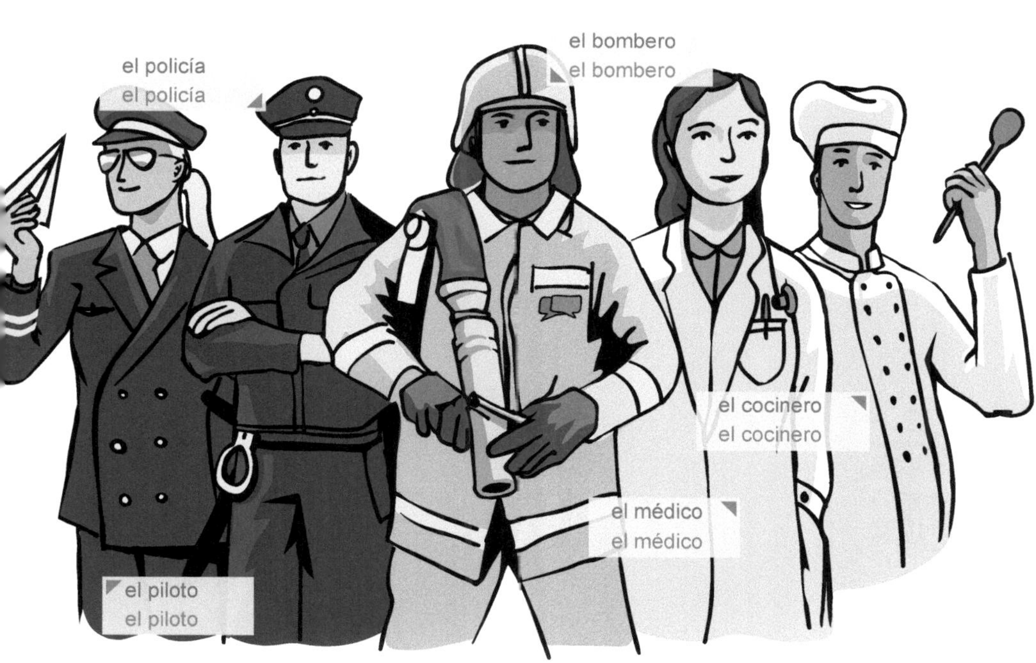
el policía
el policía
el bombero
el bombero
el cocinero
el cocinero
el médico
el médico
el piloto
el piloto

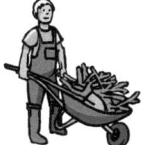

el jardinero

el jardinero

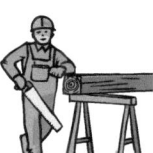

el carpintero

el carpintero

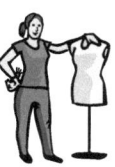

la costurera

la modista

el juez

el juez

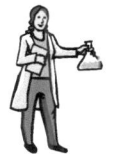

el farmacéutico

el farmacéutico

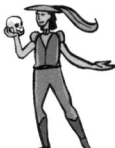

el actor

el actor

el conductor de autobús

el colectivero

el taxista

el taxista

el pescador

el pescador

la señora de la limpieza

la mucama

el instalador de techos

el techista

el camarero

el mozo

el cazador

el cazador

el pintor

el pintor

el panadero

el panadero

el electricista

el electricista

el obrero

el albañil

el ingeniero

el ingeniero

el carnicero

el carnicero

el plomero

el plomero

el cartero

el cartero

el soldado

el soldado

el arquitecto

el arquitecto

el cajero

el cajero

el florista

el florista

el peluquero

el peluquero

el cobrador

el cobrador

el mecánico

el mecánico

el capitán

el capitán

el dentista

el dentista

el científico

el científico

el rabino

el rabino

el imán

el imán

el monje

el monje

el sacerdote

el sacerdote

las herramientas
las herramientas

la pinza
la tenaza
el martillo
el martillo
el desarmador
el destornillador
la llave
la llave
la linterna
la linterna

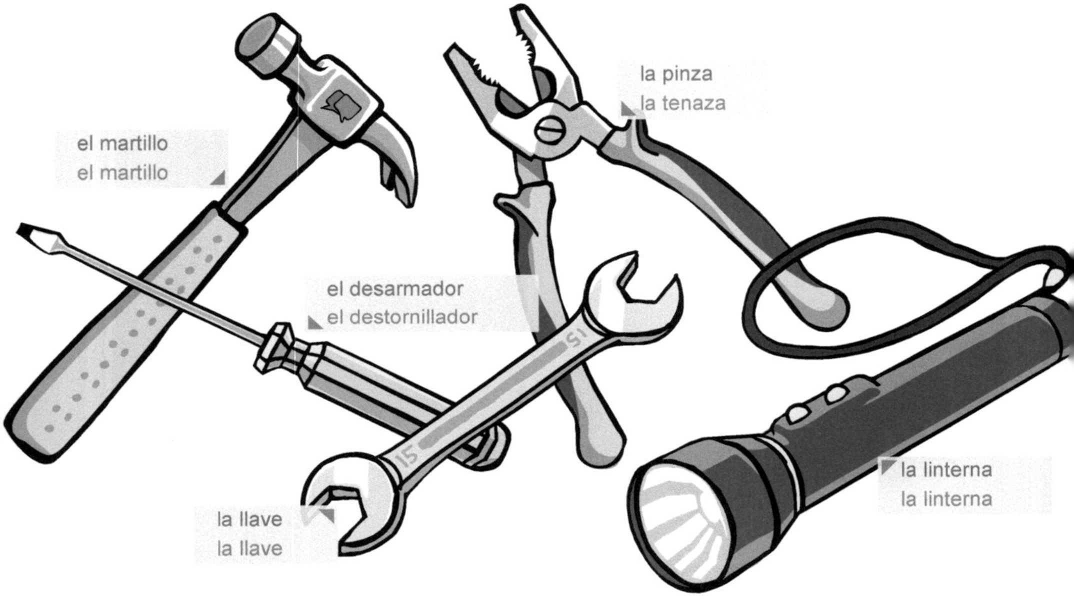

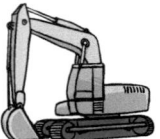

la excavadora
la excavadora

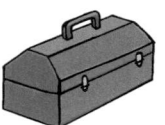

la caja de herramientas
la caja de herramientas

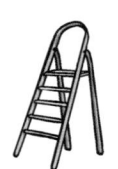

la escalera de mano
la escalera portátil

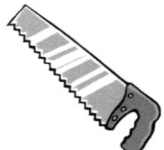

la sierra
la sierra

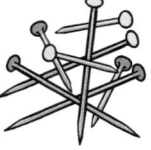

los clavos
los clavos

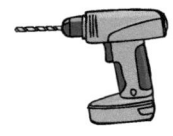

el taladro
el taladro

reparar

arreglar

la pala

la pala de jardín

¡Maldición!

¡Qué bronca!

el recogedor

la pala de plástico

el bote de pintura

el tacho de pintura

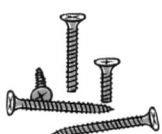

los tornillos

los tornillos

los instrumentos musicales
los instrumentos musicales

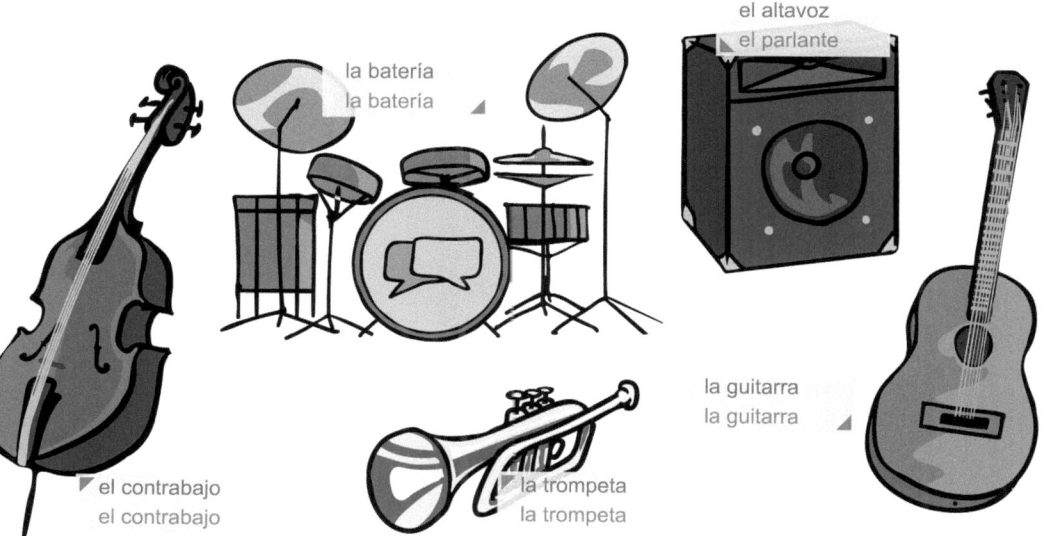

la batería
la batería

el altavoz
el parlante

la guitarra
la guitarra

el contrabajo
el contrabajo

la trompeta
la trompeta

el piano

el piano

el violín

el violín

el bajo

el bajo

los timbales

los timbales

el tambor

el tambor

el teclado

el teclado

el saxofón

el saxofón

la flauta

la flauta

el micrófono

el micrófono

el zoológico
el zoológico

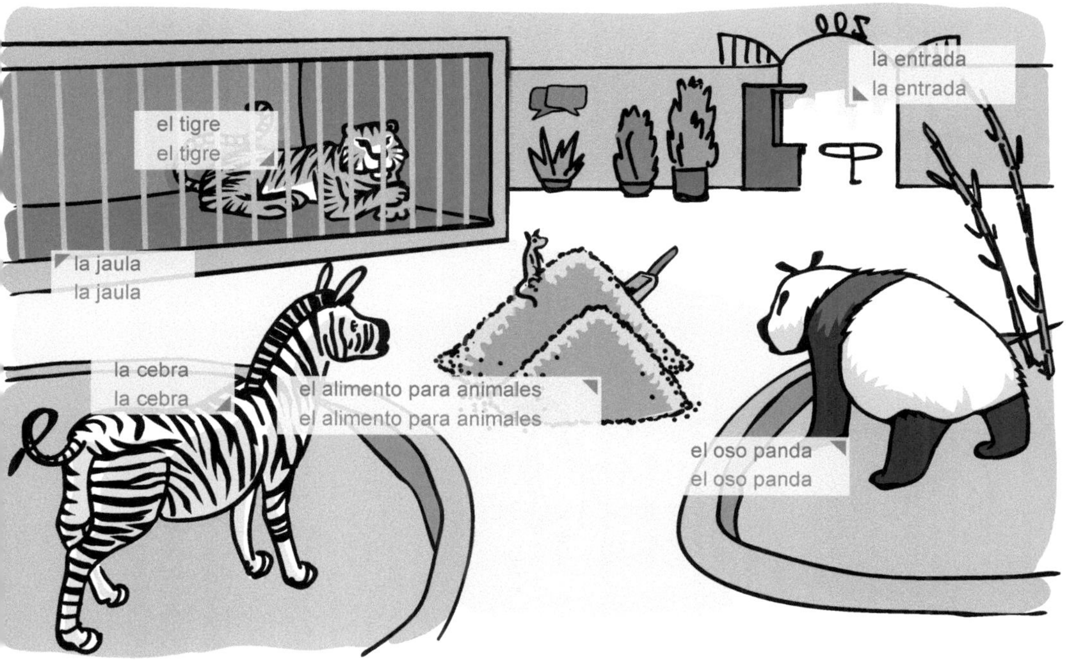
la entrada
la entrada
el tigre
el tigre
la jaula
la jaula
la cebra
la cebra
el alimento para animales
el alimento para animales
el oso panda
el oso panda

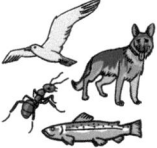

los animales
los animales

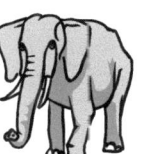

el elefante
el elefante

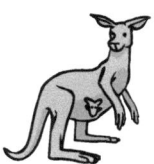

el canguro
el canguro

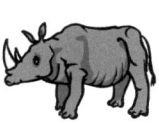

el rinoceronte
el rinoceronte

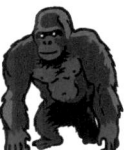

el gorila
el gorila

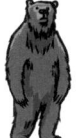

el oso
el oso

el camello

el camello

el avestruz

el avestruz

el león

el león

el mono

el mono

el flamenco

el flamenco

el loro

el loro

el oso polar

el oso polar

el pingüino

el pingüino

el tiburón

el tiburón

el pavo real

el pavo real

la serpiente

la serpiente

el cocodrilo

el cocodrilo

el guardián de zoológico

el cuidador del zoológico

la foca

la foca

el jaguar

el jaguar

el poni

el poni

el leopardo

el leopardo

el hipopótamo

el hipopótamo

la jirafa

la jirafa

el águila

el águila

el jabalí

el jabalí

el pescado

el pescado

la tortuga

la tortuga

la morsa

la morsa

el zorro

el zorro

la gacela

la gacela

el fútbol americano
el fútbol americano

el ciclismo
el ciclismo

el tenis
el tenis

el baloncesto
el básquet

la natación
la natación

el boxeo
el boxeo

el hockey sobre hielo
el hockey sobre hielo

el fútbol
el fútbol

el bádminton
el bádminton

el atletismo
el atletismo

el handball
el handball

el esquí
el esquí

el polo
el polo

las actividades
las actividades

reír
reír
saltar
saltar
abrazar
abrazar
caminar
caminar
cantar
cantar
soñar
soñar
rezar
rezar
besar
besar

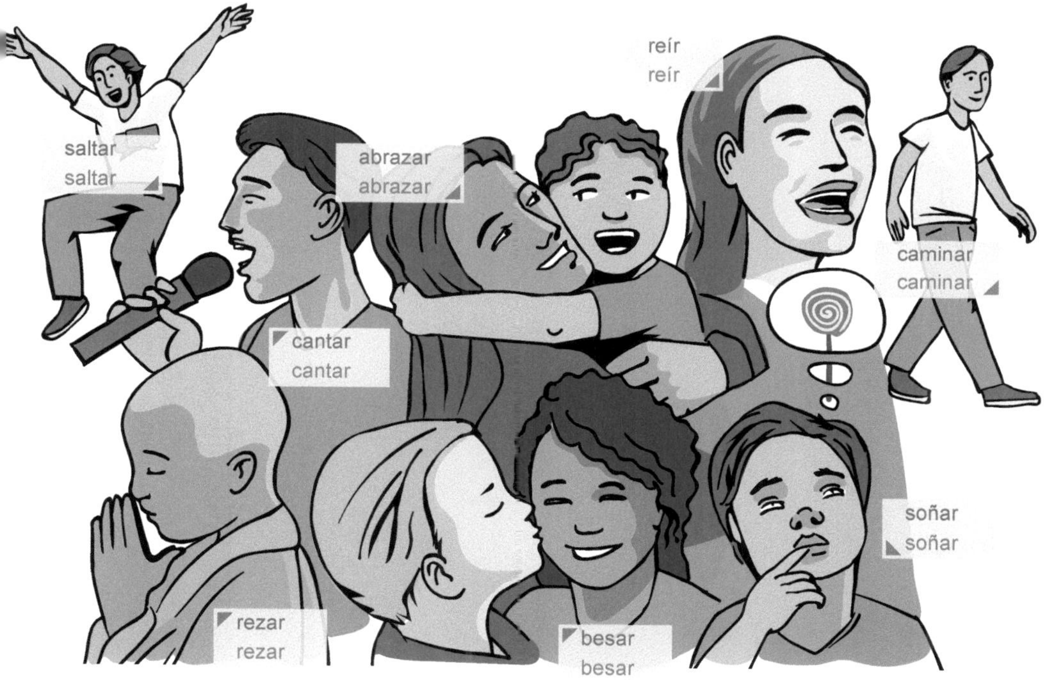

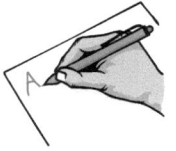

escribir

escribir

dibujar

dibujar

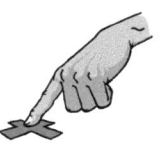

mostrar

mostrar

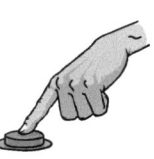

empujar

presionar

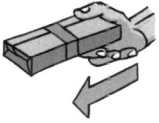

dar

dar

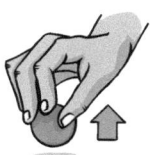

tomar

tomar

tener

tener

hacer

hacer

ser

ser

estar parado

estar parado

correr

correr

jalar

tirar

arrojar

tirar

caer

caer

estar acostado

estar acostado

esperar

esperar

llevar

llevar

estar sentado

estar sentado

vestirse

vestirse

dormir

dormir

despertar

despertar

las actividades - las actividades

mirar

mirar

llorar

llorar

acariciar

acariciar

peinar

peinar

hablar

hablar

entender

entender

preguntar

preguntar

escuchar

escuchar

beber

beber

comer

comer

ordenar

ordenar

amar

amar

cocinar

cocinar

conducir

manejar

volar

volar

las actividades - las actividades

navegar

navegar

calcular

calcular

leer

leer

aprender

aprender

trabajar

trabajar

casarse

casarse

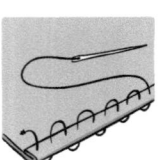

coser

coser

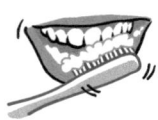

cepillarse los dientes

cepillarse los dientes

matar

matar

fumar

fumar

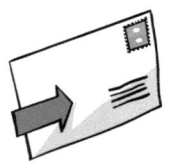

enviar

enviar

la familia

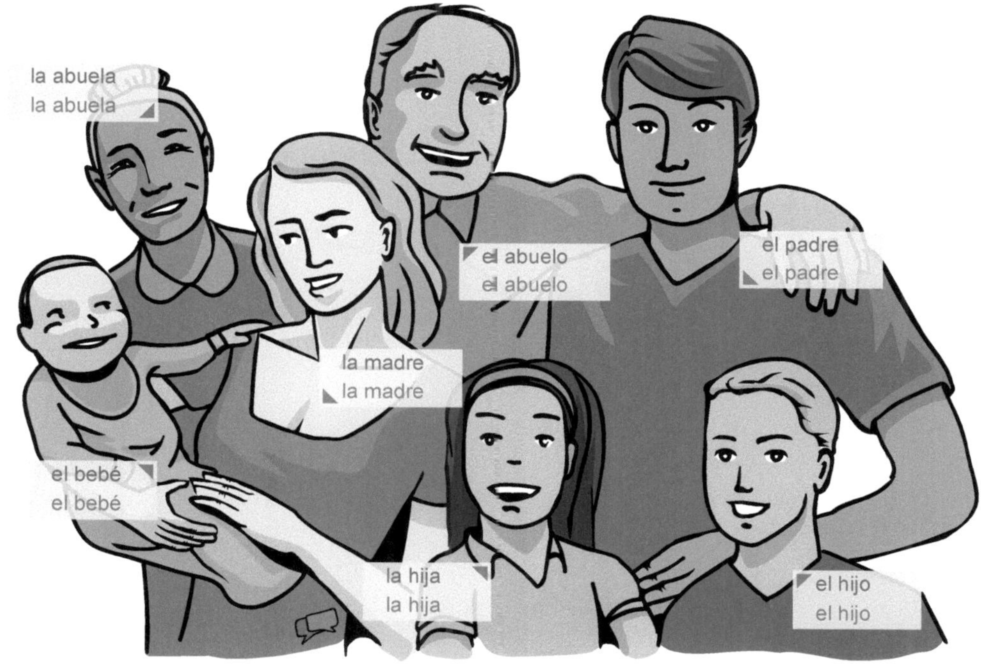
la abuela
la abuela
el abuelo
el abuelo
el padre
el padre
la madre
la madre
el bebé
el bebé
la hija
la hija
el hijo
el hijo

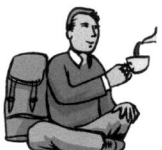

el invitado

el invitado

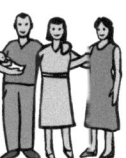

la tía

la tía

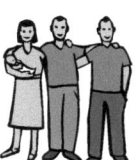

el tío

el tío

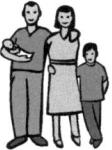

el hermano

el hermano

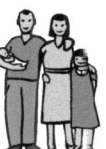

la hermana

la hermana

el cuerpo

el cuerpo

la frente
la frente
el ojo
el ojo
el hombro
el hombro
el dedo
el dedo
la cara
la cara
la barbilla
la pera
la mano
la mano
la pierna
la pierna
el pecho
el pecho
el brazo
el brazo

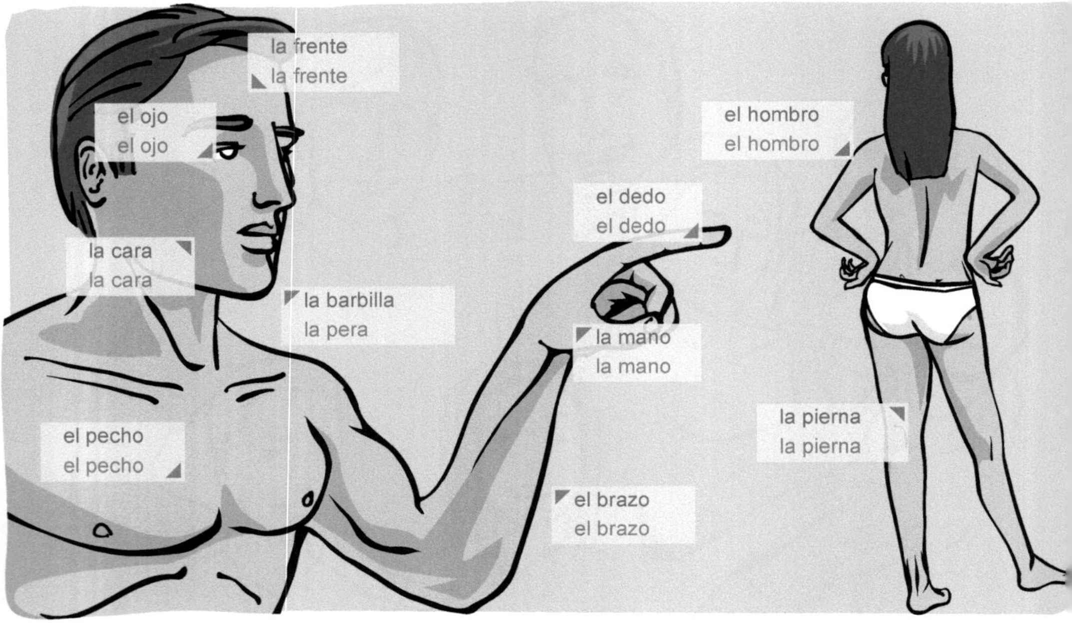

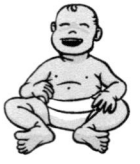

el bebé

el bebé

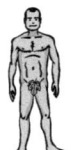

el hombre

el hombre

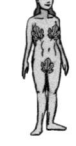

la mujer

la mujer

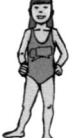

la niña

la nena

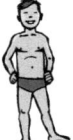

el niño

el nene

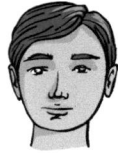

la cabeza

la cabeza

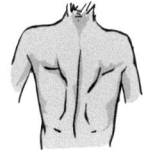

la espalda

la espalda

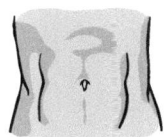

la barriça

la panza

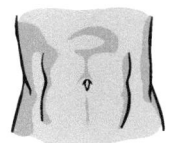

el ombligo

el ombligo

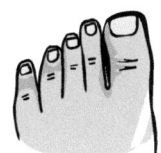

el dedo del pie

el dedo del pie

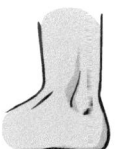

el talón

el talón

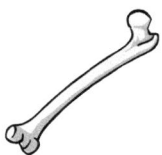

el hueso

el hueso

la cadera

la cadera

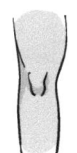

la rodilla

la rodilla

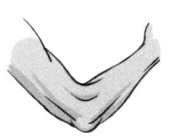

el codo

el codo

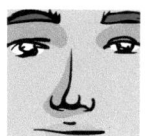

la nariz

la nariz

las pompis

la cola

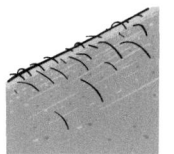

la piel

la piel

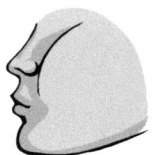

la mejilla

el cachete

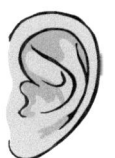

el oído

la oreja

el labio

el labio

el cuerpo - el cuerpo

la boca

la boca

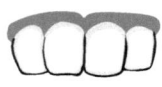

el diente

el diente

la lengua

la lengua

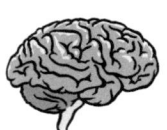

el cerebro

el cerebro

el corazón

el corazón

el músculo

el músculo

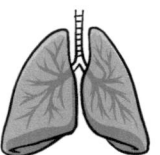

el pulmón

el pulmón

el hígado

el hígado

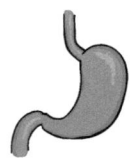

el estómago

el estómago

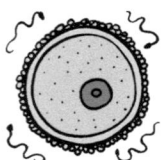

los riñones

los riñones

el sexo

el sexo

el condón

el preservativo

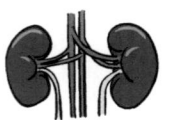

el óvulo

el óvulo

el semen

el semen

el embarazo

el embarazo

el cuerpo - el cuerpo

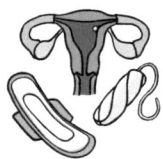

la menstruación

la menstruación

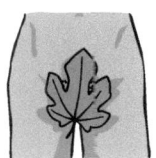

la vag na

la vag na

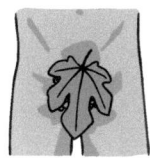

el pene

el pene

la ceja

la ceja

el cabello

el pelɔ

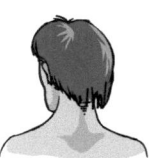

el cuello

el cuello

el hospital
el hospital

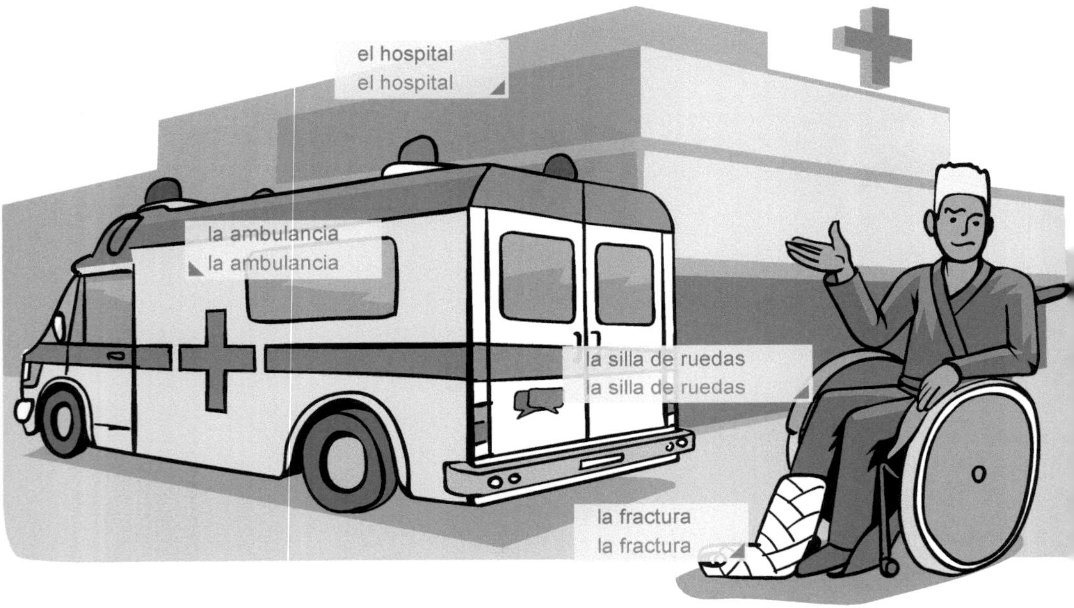

el hospital
el hospital
la ambulancia
la ambulancia
la silla de ruedas
la silla de ruedas
la fractura
la fractura

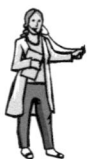

el médico

el médico

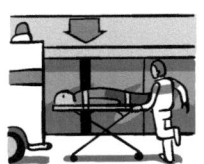

la sala de emergencias

la sala de guardia

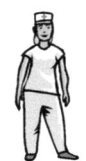

la enfermera

la enfermera

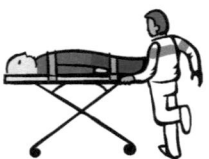

la emergencia

la emergencia

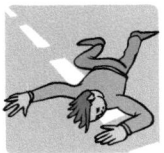

inconsciente

inconsciente

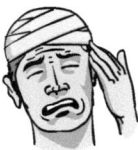

el dolor

el dolor

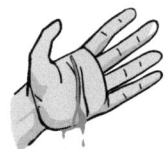

la lesión

la lesión

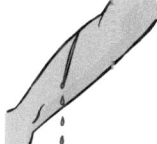

la hemorragia

la hemorragia

el infarto

el infarto

el accidente
cerebrovascular

el ACV

la alergia

la alergia

la tos

la tos

la fiebre

la fiebre

la gripa

la gripe

la diarrea

la diarrea

el dolor de cabeza

el dolor de cabeza

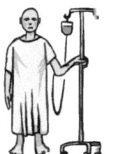

el cáncer

el cáncer

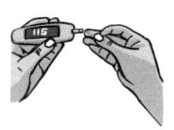

la diabetes

la diabetes

el cirujano

el cirujano

el bisturí

el bisturí

la operación

la operación

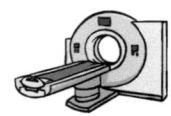

TC

la TC

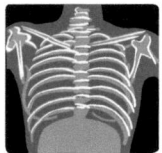

los rayos x

los rayos x

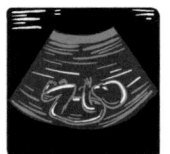

el ultrasonido

la ecografía

la mascarilla

el barbijo

la enfermedad

la enfermedad

la sala de espera

la sala de espera

la muleta

la muleta

la vendita

la curita

el vendaje

la venda

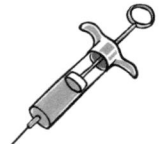

la inyección

la inyección

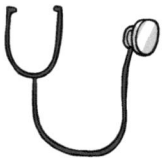

el estetoscopio

el estetoscopio

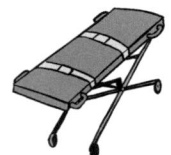

la camilla

la camilla

el termómetro

el termómetro

el nacimiento

el nacimiento

el sobrepeso

el sobrepeso

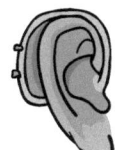

el audífono

el audífono

el desinfectante

el desinfectante

la infección

la infección

el virus

el virus

VIH / SIDA

el VIH / SIDA

la medicina

el remedio

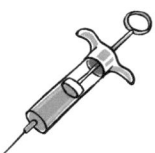

la vacunación

la vacunación

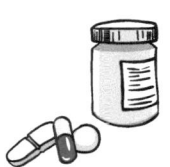

las tabletas

los comprimidos

la pastilla anticonceptiva

la pastilla anticonceptiva

la llamada de emergencia

la llamada de emergencia

el medidor de presión

el tensiómetro

enfermo / sano

enfermo / sano

¡Socorro!

¡Ayuda!

la alarma

la alarma

la agresión

la agresión

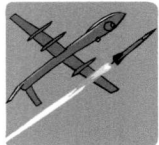

el ataque

el ataque

el peligro

el peligro

la salida de emergencia

la salida de emergencia

¡Fuego!

¡Fuego!

el extintor de incendios

el matafuego

el accidente

el accidente

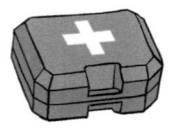

el botiquín de primeros auxilios

el botiquín de primeros auxilios

SOS

el SOS

la policía

la policía

Europa

Europa

Norteamérica

América del Norte

Sudamérica

América del Sur

África

África

Asia

Asia

Australia

Australia

el Atlántico

el Atlántico

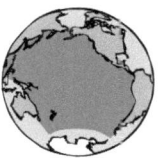

el Pacífico

el Pacífico

el Océano Índico

el Océano Índico

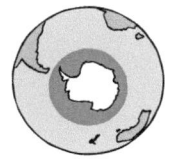

el Océano Antártico

el Océano Antártico

el Océano Ártico

el Océano Ártico

el polo norte

el polo norte

el polo sur
el polo sur

la Antártida
la Antártida

la tierra
la Tierra

la tierra
la tierra

el mar
el mar

la isla
la isla

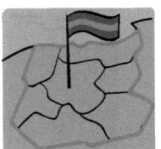

la nación
la nación

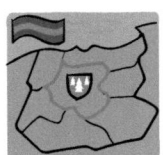

el estado
el estado

la esfera

la esfera

la manecilla de las horas

la manecilla de las horas

el minutero

el minutero

el segundero

el segundero

¿Qué hora es?

¿Qué hora es?

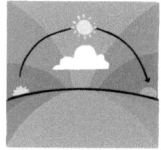

el día

el día

la hora

la hora

ahora

ahora

el reloj digital

el reloj digital

el minuto

el minuto

la hora

la hora

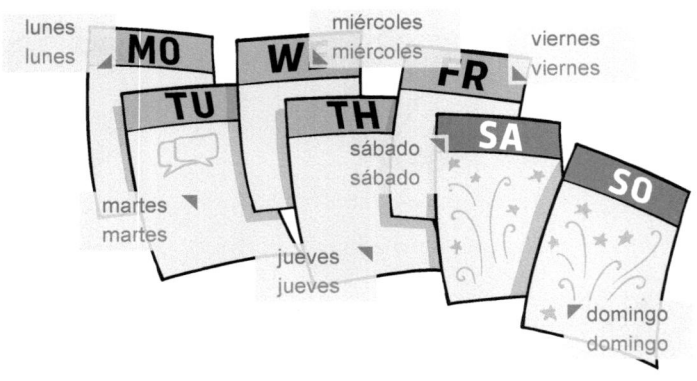

lunes
lunes

miércoles
miércoles

viernes
viernes

martes
martes

jueves
jueves

sábado
sábado

domingo
domingo

ayer

ayer

hoy

hoy

mañana

mañana

la mañana

la mañana

el mediodía

el mediodía

la tarde

la tarde

los días laborables

los días hábiles

el fin de semana

el fin de semana

la lluvia
la lluvia

el arco ris
el arco ris

la nieve
la nieve

el viento
el viento

la primavera
la primavera

el otoño
el otoño

el verano
el verano

el invierno
el invierno

4.APRIL	11°	☀
5.APRIL	4°	☁
6.APRIL	13°	☔
7.APRIL	8°	❄
8.APRIL	10°	☀

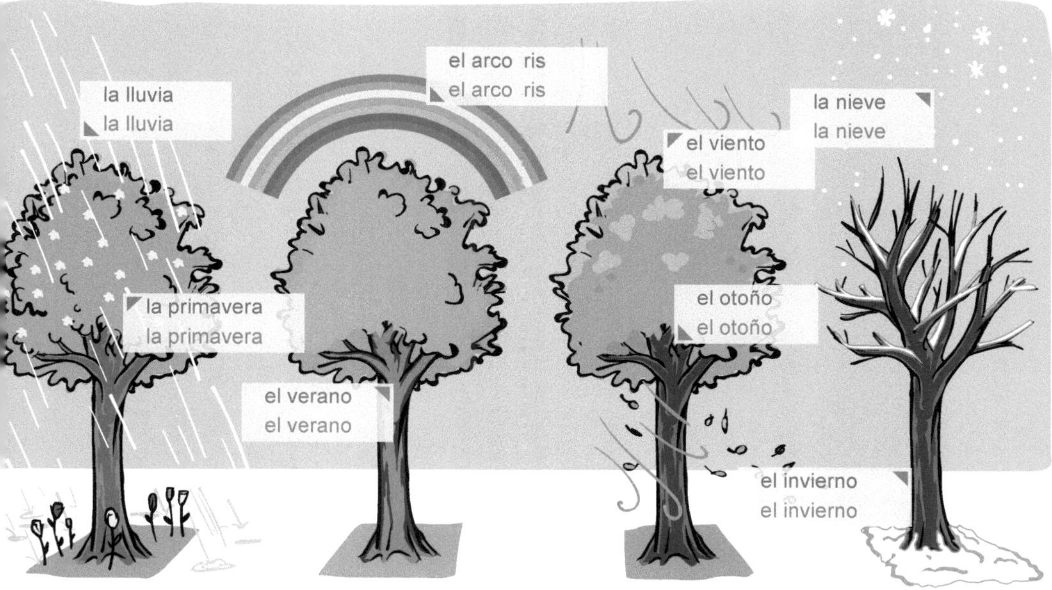

el pronóstico del tiempo

pronóstico meteorológico

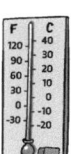

el termómetro

el termómetro

el sol

la luz del sol

la nube

la nube

la niebla

la niebla

la humedad

la humedad

el rayo

el rayo

el trueno

el trueno

la tormenta

la tormenta

el granizo

el granizo

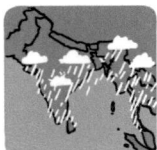

el monzón

el monzón

la inundación

la inundación

el hielo

el hielo

enero

enero

febrero

febrero

marzo

marzo

abril

abril

mayo

mayo

junio

junio

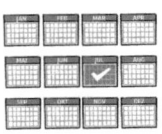

julio

julio

agosto

agosto

septiembre
....
septiembre

octubre
....
octubre

noviembre
....
noviembre

diciembre
....
diciembre

las formas
las formas

el círculo
....
el círculo

el cuadrado
....
el cuadrado

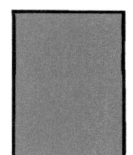

el rectángulo
....
el rectángulo

el triángulo
....
el triángulo

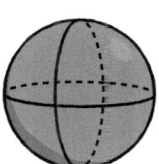

la esfera
....
la esfera

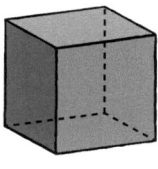

el cubo
....
el cubo

blanco

blanco

amarillo

amarillo

naranja

naranja

rosa

rosa

rojo

rojo

morado

violeta

azul

azul

verde

verde

marrón

marrón

gris

gris

negro

negro

mucho / poco

mucho / poco

enojado / tranquilo

enojado / tranquilo

bonito / feo

lindo / feo

principio / fin

el principio / el fin

grande / pequeño

grande / chico

claro / oscuro

claro / oscuro

el hermano / la hermana

el hermano / la hermana

limpio / sucio

limpio / sucio

completo / incompleto

completo / incompleto

el día / la noche

el día / la noche

muerto / vivo

muerto / vivo

ancho / angosto

ancho / angosto

comestible / no comestible

comestible / no comestible

malo / amable

malo / amable

entusiasmado / aburrido

entusiasmado / aburrido

gordo / delgado

gordo / flaco

primero / último

primero / último

el amigo / el enemigo

el amigo / el enemigo

lleno / vacío

lleno / vacío

duro / blando

duro / blando

pesado / ligero

pesado / liviano

el hambre / la sed

el hambre / la sed

enfermo / sano

enfermo / sano

ilegal / legal

ilegal / legal

inteligente / tonto

inteligente / estúpido

izquierda / derecha

izquierda / derecha

cerca / lejos

cerca / lejos

nuevo / usado

nuevo / usado

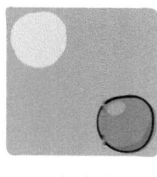

nada / algo

nada / algo

viejo / joven

viejo / joven

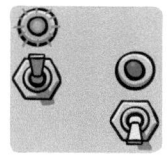

encendido / apagado

encendido / apagado

abierto / cerrado

abierto / cerrado

silencioso / ruidoso

silencioso / ruidoso

rico / pobre

rico / pobre

correcto / incorrecto

correcto / incorrecto

áspero / suave

áspero / suave

triste / contento

triste / contento

corto / largo

corto / largo

lento / rápido

lento / rápido

húmedo / seco

mojado / seco

caliente / frío

caliente / frío

guerra / paz

guerra / paz

los números

0

cero

cero

1

uno

uno

2

dos

dos

3

tres

tres

4

cuatro

cuatro

5

cinco

cinco

6

seis

seis

7

siete

siete

8

ocho

ocho

9

nueve

nueve

10

diez

diez

11

once

once

12

doce

doce

13

trece

trece

14

catorce

catorce

15

quince

quince

16

dieciséis

dieciséis

17

diecisiete

diecisiete

18

dieciocho

dieciocho

19

diecinueve

diecinueve

20

veinte

veinte

100

cien

cien

1.000

mil

mil

1.000.000

el millón

el millón

los idiomas

el inglés

el inglés

el inglés americano

el inglés americano

el chino mandarín

el chino mandarín

el hindi

el hindi

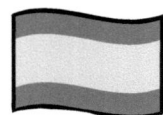

el español

el español

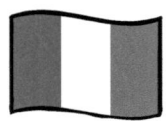

el francés

el francés

el árabe

el árabe

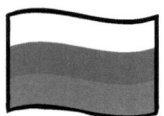

el ruso

el ruso

el portugués

el portugués

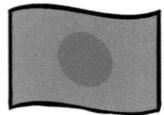

el bengalí

el bengalí

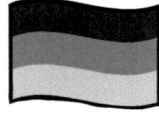

el alemán

el alemán

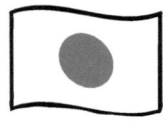

el japonés

el japonés

yo
yo

tú
vos

él / ella
él / ella

nosotros
nosotros

vosotros
ustedes

ellos
ellos

¿quién?
¿quién?

¿qué?
¿qué?

¿cómo?
¿cómo?

¿dónde?
¿dónde?

¿cuándo?
¿cuándo?

el nombre
el nombre

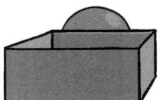

detrás

detrás

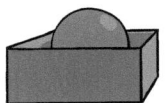

en

en

delante de

adelante de

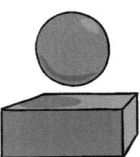

por encima de

por encima de

sobre

sobre

debajo de

debajo de

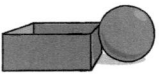

junto a

al lado de

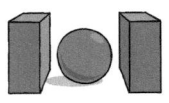

entre

entre

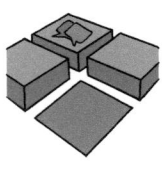

el lugar

el lugar